給中小學生的

費曼學習法

廈九九、王丹、孫德俊｜著

FEYNMAN TECHNIQUE

目錄
contents

第 3 章　設定學習目標，學習思維就會大翻轉

第 4 章　　輸出替代輸入，也就是教學相長

第 5 章　　輸出促進輸入，二次學習與回顧

第 6 章　簡化知識：對知識進行精準瘦身

推薦序
擺脫低效學習，
用費曼學習法打造你的超強大腦！

趙胤丞

　　費曼學習法是由諾貝爾物理獎得主理查・費曼（Richard Feynman）所發明的。他認為「如果你不能用簡單的語言向他人解釋一個概念，那麼你就不夠理解它。」因此，費曼學習法強調透過「輸出」來檢驗自己的理解程度。若能讓孩子們都學會費曼學習法，真的會對孩子思考有本質上的轉變。 那到底什麼是費曼學習法？具體來說，費曼學習法包含以下四大核心關鍵：

- 確立目標：確定學習的對象，建立專注力，畢竟時間寶貴，要將時間花在刀口上，這樣我們內心覺得值得。

- 輸出：將學習到的內容以自己的話講出來。這步驟是決勝負關鍵！知之為知之，不知為不知，是知也。咀嚼知識並用自己的話講出來，就是主動學習！

- 回顧：找出並補強不足之處。跟原典對照，我們可能會有疏漏之處，就要透過回顧來找到自己沒照顧到的內容，並為其補充。
- 簡化：充分消化、分解習得的知識。重新整理內容，並用言簡意賅的方式呈現，就是自己理解通透的證明。

透過這四個步驟，你可以有效地將知識內化，並提升學習效率。而我自己也經常會使用費曼學習法，像是專案管理這麼複雜的內容，我最後統整出三個字，那就是拆排照（拆：拆解任務→排：排程次序→照：照表跟催）。我就依照這三大步驟來做專案管理，其實就挺順利完成。

這次幾位作者在費曼學習法有非常多面向著墨，我們在閱讀時可以挑選自己合適內容實踐出來，我相信您的學習成效將會提升！誠摯推薦！

（本文作者為《高效人生商學院》podcast 共同創辦人、《小學生高效學習原子習慣》作者）

自序

這是一個需要超強學習能力的時代。一方面，隨著時代的快速發展，我們每個人都需要具備更強大的學習能力；另一方面，隨著社會競爭漸形激烈，為了提升自身競爭力，我們需要學習的事物越來越多。

於是，很多人不停學習，以為花在學習上的時間越多，所掌握的知識與技能就越多，就能在競爭中脫穎而出、名列前茅。

可是，你真的能透過這樣的努力來實現目標嗎？你是否曾經歷每天早起晚睡、廢寢忘食地學習，但學習成績卻仍原地踏步的時刻呢？

我經歷過！

在漫長的學生時代，我就是那個每天花大把時間苦讀的人！宿舍熄燈後躲在被窩裡拿著手電筒複習，天還沒亮就到路燈下讀書。最後，我非但沒有在期末考中取得理想的成績，近視的度數反而更深了。雖然後來我憑藉勤奮考上了好大學，但那段效率極低又痛苦忍耐的學習過程，是我再也不願經歷的過去。

反觀我的一位同學，他每天按時休息，睡眠充足；上課時認真聽講，追隨著師長的思考方式，在腦海裡不斷回顧知識點；下課時同學總找他問問題（因為他是小老師），而他也學以致用，一一解答同學的疑問。他不需要像我那樣痛苦地學習，成績就比我好。

其實，學習比的從來不是每天花多長時間、掌握多少知識，而是學習能力與思考方式。這不得不提到世界上公認最高效的學習方法之一──費曼學習法。

　　費曼學習法是一種高效學習思考方式，靈感來自諾貝爾獎得主、知名物理學家理查・費曼（Richard Phillips Feynman），學習核心是讓學習者站在教授者的角度學習，以「輸出促進輸入」，也就是教學相長。我的那位同學就是無意識中運用了費曼學習法。

　　在此後的學習中，我也運用這種方法，在短短幾年內成為自己領域的專家。

　　為了讓更多讀者朋友趁早理解、掌握費曼學習法，升級學習思維，以科學的方式高效學習，我們決定撰寫這本書。

　　費曼學習法與其他學習法的區別在於，它是一種讓人思考升級的學習方法，沒有任何門檻，無論是「學渣」還是「學霸」，任何人都可以學習和應用。

費曼學習法有四個關鍵：確立目標、輸出、回顧、簡化。一般來說，學習目標應該要設定在我們的能力範圍內；而且，不僅要確立目標，還要制定學習計畫，按照方法學習。

為了輸出知識，我們必須學會分享的技巧，以輸出促進輸入，在輸出的過程中強化對知識的理解和運用。學習知識的目的是學以致用，透過不斷輸出，才有好好回顧的機會；回顧時也須留意讓思考升級。

最後，我們要再次整理知識、簡化知識，才能進一步習得知識。

本書可說從不同的角度、面向，逐一解析費曼學習法中重要的學習理念、思維與方法，同時將一些可提高學習效能的學習思維與其他學習高手的實踐經驗融入其中，從而讓本書更富實用性與指導性，以確實幫助有志於學習的讀者。

　　本書搭配精美的插畫，趣味好讀。在寫書時，我們也力求敘事簡潔，讓內容通俗易懂，以利讀者理解。透過這本書，就能輕鬆掌握費曼學習法的精髓，這不見得能讓成績立即大幅提升，但必然能開闊你的眼界、升級你的思維、提升你的學習能力。而借助這項能力，你在日後的人生也能持續高效學習、快樂學習，踏上成功與幸福的道路。

廈九九

第 1 章

掌握費曼學習法，
學習事半功倍

費曼學習法的靈感源於諾貝爾獎得主理查‧費曼的教育理念，它改變了傳統的學習思考方式，透過以教代學的思維來學習，以輸出促進輸入，既簡單又高效，是一種非常值得我們掌握的學習方法。

嘿，你與「學霸」之間只差了費曼學習法

> 很多人投入大量時間學習，考試成績卻還是差強人意。可是，有些人花很少時間學習，成績依舊名列前茅。於是，有人會怪自己笨，或是被父母師長責備不用功。其實成績不好，不是因為你笨或偷懶，而是因為你的學習方法出了問題！你與「學霸」之間，差的就是一個好的學習方法。

很多人說學打電動很簡單，學習知識卻很難。事實上，學習知識並不難，關鍵在於是否用對了方法。好的方法往往能讓學習事半功倍。

什麼是好的學習方法呢？

好的學習方法並沒有具體的定義與形式。不過，相較於傳統學習方法，像費曼學習法這種良好的學習方法成效更為驚人。

什麼是費曼學習法呢？

顧名思義，費曼學習法的靈感源於諾貝爾獎得主理查‧費曼的教育理念，為目前已獲實證、公認最強的學習方法。

　　為什麼費曼學習法比傳統學習法更來得高效？

　　因為它的學習思考方式是以教代學，也就是讓我們一邊學習，一邊輸出所學習到的知識。

　　此外，費曼學習法還顛覆了只對單一事件背誦或記憶的傳統學習模式，形成獨具特色的學習思考方式。

有了這樣的學習方法，我們就可以驗證自己是否真正學到了知識，以及在學習上還有哪些不足。最重要的是，透過這種學習方法，不斷吸收有用的知識，建立自己的知識體系。

你想提升成績嗎？你想成為學習高手嗎？

如果答案是肯定的，那就從現在開始掌握費曼學習法吧！

哇，菁英都在學習費曼學習法

費曼學習法問世後很快就風靡全球，許多知名企業的 CEO 和高階主管對它更是「一見鍾情」，不僅用來培訓員工，也用來訓練演講。當然，還有很多熱愛學習的人也在學習和使用這種方法。人們之所以如此關注費曼學習法，正是因為無論在學習或工作上，這種學習方法都能給予我們很大的幫助。

　　費曼學習法是一種非常高效的學習方法。雖然有些人並不了解費曼學習法，但其實他們早就在考試或工作中運用了，像是一些知名企業的 CEO 和高階主管。

　　當然，很多和我們一樣的普通人也都偷偷在學習或使用費曼學習法喔。

大家為什麼如此推崇費曼學習法呢？

當然是因為費曼學習法帶來很多讓學習事半功倍的技巧。

　　費曼學習法最讓人著迷的技巧就是運用系統性思考，這是一種提高學習效能的思考方式，也是大多數成功人士習慣的思考方式。

　　人們之所以喜歡費曼學習法的思考方式，是因為系統性思考就像電腦中的 AI 軟體，可以讓學習在短時間內發生非常大的變化，產生正向回饋，讓我們的學習能力逐漸增強。

此外，費曼學習法具有馬太效應。具體來說，就是我們只要在學習時持續輸出，就會同步增強輸入的能力。與此同時，也能逐步縮短學習時間，提高工作效率。

只要我們按照費曼學習法反覆學習和輸出，並且透過正確的思考方式累積正向回饋，學習能力自然越變越強。

費曼學習法很高效，但學習起來不簡單

費曼學習法很高效，不僅可以幫助我們解決學習中的難題，提高學習效能，還可以為我們建構出高效的學習思考方式。但是，要充分活用費曼學習法並不簡單。

　　雖然費曼學習法是一種高效的學習方法，但要是你把它想得太簡單，認為不過就是輸入與輸出而已，那麼你可就大錯特錯了。

　　任何事情都不可能一蹴可幾，需要一步一步完成，學習與運用費曼學習法也一樣。所以，我們在學習時要保持耐心。

費曼學習法分為四個關鍵步驟：確立目標、輸出、回顧、簡化。

這四個步驟非常關鍵，可說是環環相扣。

首先，我們學習的第一步就是確立目標，也就是你明確要學習的對象。

確認了學習的對象後，我們就可以全力以赴開始學習了。因為目標明確，才能建立專注力。當然，確立學習目標之後，接下來就要進入輸出的步驟。

要注意的是，我們在將習得的內容向他人輸出時，必須用通俗易懂的話語分享。

此外，還要留意第三個步驟。認真回顧非常重要，才能從中發現
自己學習上的不足之處。

如果沒有發現不足之處，我們就可以進入最後一個步驟，也就是對自己所學習到的知識進行簡化。知識在簡化之後就更容易內化了，或者說可以真正成為自己信手拈來的知識。

費曼學習法的四個關鍵步驟看上去簡單，實行起來卻不容易。不過，只要重複這些步驟，你的學習思維就會全面升級。

第 2 章

提升你的學習思維

思維是一種心理活動，是大腦中的複雜過程，或稱為系統工程。不同的思維帶來不同的行動，不同的行動造成不同的結果。因此，如果我們想採取高效的學習方法，提高學習能力，就需要轉換學習思維。

不知道學習思維的弱點，怎麼提升

費曼學習法透過「以教代學」的思考方式學習，簡單又高效。這種思考方式並不屬於傳統「填鴨式」或機械式的死背硬記，因此，要澈底掌握這種方法，就要遠離傳統的學習思維，讓自己的學習思維全面升級。

● 費曼學習法的關鍵就是思考

費曼學習法之所以簡單高效，關鍵就在於它與眾不同的學習思考方式。具體來說，就是轉換人們的學習思維，讓人們站在傳授者的角度輸出知識，並且在輸出過程中不斷進行反思與驗證，提高學習效率。

提起學習，人們的大腦中會不自覺浮現一幕場景：老師在課堂上講課，學生在臺下聽講，而且大多數學生對於這種「填鴨式」學習模式表現出興趣缺缺的態度。

　　當然，有些人在學習上非常努力，但是問題出在他們所設定的學習目標。例如只將學習視為考到好分數的捷徑。

　　於是，這些人為了應付考試拚命學習。雖然還是能夠考取好成績，掌握知識，卻很難真正學以致用。

我們身邊的許多學生都擁有豐富的知識，尤其是一些認真的大學生。但是，他們所學習的知識，到了社會卻幾乎都用不上。

或者說，他們無法輸出所學習到的知識，將其轉化為工作、生活能力。正因如此，費曼學習法這種創新的學習思維，透過「以教代學」的模式，形同讓學習者在學習的初始階段即站在新的思維視角、站在傳授者的立場學習。

當我們一邊傳授、一邊學習，這種學習模式不僅能輸出知識、活用知識，還能讓人們對學習更感興趣。

　　當學習態度變得積極主動，不僅可以提高學習成效，還能掌握更多知識。之後，只要不斷輸出所學習到的知識，就能將這些知識靈活運用。

● 掰掰，傳統的學習思考方式

　　隨著社會發展與網路普及，我們的學習需求也在不斷改變。這時，如果我們還在透過傳統的死背硬記或填鴨式思維學習，不僅無法與時俱進，也難以取得良好的學習成效。因此，我們需要全新的學習思維。

　　所謂傳統的學習思考方式，指的就是以輸入為主、被動學習、全盤吸收的學習思考方式。這種模式雖然可以讓我們吸收大量知識，卻不見得能取得理想的學習成效。例如背誦式學習。

　　背誦式學習就是我們常見的死記硬背，這正是我們經常運用的輸入式學習的輔助工具。

雖然我們可以透過這種方法，快速記住要學習的知識，但知識的留存率卻非常低，而且無法靈活運用。尤其當場景轉換時，很容易發生缺乏變通與被誤導的情況。

很多人步入社會後發現，過去在學校課堂上學習的知識，到了職

場根本用不上。這是因為傳統的學習思考方式並不重視知識的輸出與運用。

既然傳統的學習思考方式無法幫助我們實現學習的終極目標——輸出，那麼我們就需要告別這種學習思考方式。

那麼，我們應該如何提升學習思維？

首先，我們要確立學習的目的是輸出。

其次，要把輸出當作學習的輔助工具。事實上，這種思考方式正是費曼所說的「以輸出促進輸入」。

　　確立學習方向與目的之後，建立學習目標，把輸出當作輸入的輔助工具，逐漸轉換我們的學習思維，學習起來更上手。

● 這樣提升級學習思維最具競爭力

> 在現代社會，人與人之間的競爭意識越來越強烈，沒有人想待在金字塔底層。可是，當你學習的目的只是為了超越別人，這種功利性的思維導向不僅會讓你難以抵達金字塔頂端，學習上也會變得更困難。

　　隨著現代社會的競爭日趨劇烈，競爭意識提高，大家都想贏過別人，名列前茅。

　　但是，費曼卻認為學習要比較的從來就不是成績優劣，或是學位高低，而是學習思考方式的好與壞。更進一步說，良好的學習思維才是真正核心的競爭力。

　　可惜的是，大多數人沒有養成良好的學習思維，他們不斷想要超越別人，卻從來沒有思考自己憑什麼能夠超越別人，以及是否擁有超越別人的資本。

　　那麼，什麼是好的學習思維呢？好的學習思維往往需要正向回饋，而費曼學習法可以為我們的思維提供正向回饋，增強我們的學習能力。例如提升學習的專注力。

　　專注力獲得提升後，就能真正靜下心來，像吃蘋果一樣，一口一口吃進知識的核心，理解得更加透澈。

此外，費曼還認為，如果想提升學習能力，就必須遠離功利性思維。所謂功利性思維，就是把學習當作獲取名聲與利益的工具。例如，努力學習就能考上好大學，未來才能進入大公司等等。

很多人受到功利性思維誤導，將學習視為一種負擔。一旦對學習失去了興趣，學習能力就會隨之下降。因此，我們要遠離功利性思維，正確思考與學習。

• 高效的學習思維最簡單

費曼學習法是一種全新的學習思考方式，將死記硬背的背誦式學習思維轉換為「以教代學」、不斷輸出的思維。並且在輸出

知識的過程中，運用各種思維進行歸納與驗證，逐步形成簡單高效的思考方式與學習技巧。

　　你不滿意你的學習成績嗎？你覺得你的學習效率很低嗎？而你曾經思考過上述問題的原因嗎？事實上，正是學習思考方式決定了你的學習效率。費曼學習法簡單高效，讓你只需花費少許時間，就能輕鬆掌握更多知識。

　　費曼學習法之所以如此簡單高效，並不僅僅在於以輸出促進輸入，也和輸出過程中對知識所進行的整理、覆盤 *、簡化至關重要。這麼做也增強了我們的記憶，大幅提升學習質量。

---

* 原為圍棋術語，即對弈後，將對弈過程重新擺一次，思考下不好的地方，藉此提升實力。

此外，在輸出的過程中還可以運用一些技巧來量化思考。
什麼是量化？量化指的是將邏輯細節化或具體化。

　　例如，我們可以將一篇文章分段，然後將每段內容分解或歸納為
三部分，經過量化後，邏輯會更加清晰明確，進一步幫助記憶。

我們要怎麼將思考進行量化呢？

第一，確立學習目標。有了目標，我們就能找到思維的突破口。

　　第二，總結。總結之前，先確立思考邏輯。這樣一來，我們就能有目的地整理已知的知識，好比將知識進行收集、分類。

　　第三，進行簡化。所謂簡化，就是梳理自己的想法，尋找思考的大綱與重點。例如，尋找思考的目標、邏輯、結果。這個步驟就像在製作簡報一樣，或者我們在班上寫公布欄一樣，讓人快速理解。

想想看，這個問題還有另一種答案嗎？

　　總之，優秀的學習者都是思維高手。正因如此，他們會將思維量化，擁有屬於自己的思考方式與體系。而費曼學習法幫助他們做到這一點，學習從此變得高效。

思考工具是一個大家族

一提到思考工具，大多數人都覺得很抽象。其實，思考工具主要可區分為圖像、文字符號、語言、行為。經過大腦的思考，這些思考工具通常會形成不同的思維產物，例如知識點、知識箱、知識樹等等，幫助我們充分理解與掌握知識。

● 圖像是思考方式，更是工具

在日常生活與學習中，我們會接觸到各式各樣的真實圖像與圖片。這些圖像或圖片是對客觀事物的直接呈現，不僅能讓人留下具體鮮明的印象，還能為我們建立形象的思考方式，甚至成為我們思考的工具。

圖像是人類視覺的基礎，而且在生活中隨處可見。例如，過年時牆壁上貼的年畫、書本裡的插畫等都屬於圖像的範疇。

　　圖像比文字更生動，更容易吸引我們的注意力，進一步引起我們的興趣，並且描繪更美好的想像。

　　圖像不僅可以生動地反映事物，幫助我們認識這個世界，還可以建構出形象的思考方式。因此，圖像也是我們可以充分運用的思考工具之一。

　　由於思考工具能有效影響思維的抽象活動、提高思考效能，還能將抽象的思維過程具象化。所以，我們可以運用這種思考工具，簡化複雜的思考過程。例如，我們可以在寫作文前把寫作的點子製作成心智圖。

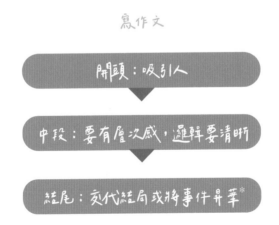

寫作文

開頭：吸引人

中段：要有層次感，邏輯要清晰

結尾：交代結局或將事件昇華*

---

* 從事件中得出道理，或是從中發展出更深層面的思考。

費曼認為，學習一定要與真實的世界建立聯繫。而圖像這種思考工具，可以幫助我們將學習與現實中的場景結合。

簡單來說，圖像不僅可以建立我們對客觀事物的真實感，而且有助於增強我們的記憶，幫助我們記憶更多知識。

● 文字符號與思考的關係非常緊密

我們在學習的過程中，尤其是讀書或寫作，不免要接觸文字符號。但是，我們往往會忽略它們，以為那只不過是一些符號罷了。事實上，文字符號與思考的關係十分緊密，如果能正確運用這種思考工具，有助於我們提升思考力與學習力。

人擁有很多思考方式，好比發散思考、系統思考。但是，再高級的思考方式都涉及思考工具的運用，大腦必須借助這些工具思考，才能建立思考方式。

文字符號就是一種思考工具！

我們身邊存在許多思考工具，文字符號就是其中最常見的一種。但什麼是文字符號呢？所謂文字符號，就是由字母、數字、國字或特殊符號組合而成的符號，如 a、2、三、「✓」等等。

　　事實上，我們努力學習如何學習的目的，就是為了提高學習效率。而高效學習源於良好的學習思考方式，例如邏輯思考。

　　文字符號有助於我們建立邏輯思考，邏輯思考則可以讓我們的學習變得更有條理。

如果我們在寫作文時，能夠先以文字符號列出大綱，那麼寫作就有了層次與邏輯。

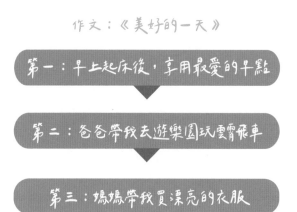

作文：《美好的一天》

第一：早上起床後，享用最愛的早點

第二：爸爸帶我去遊樂園玩雲霄飛車

第三：媽媽帶我買漂亮的衣服

此外，我們也可以用文字符號生動地表達我們的觀點、表情、內心的情感等等。

不僅如此,我們在學習時,也可以運用一些特殊符號來標示重點、疑惑點、困難點,如此一來,就能在複習時針對重點題目和知識強化練習。

簡言之,充分活用文字符號,有助於提升思考的邏輯性。光是做筆記就幫助很大!

• 當語言「拋棄」思考,就成了少了士兵的指揮官

語言和思考有著相當緊密的關係。我們既要用語言表達自己的想法,又要透過想法來完備語言。想法離不開語言,語言也離不開想法,兩者如影隨形。因此,要說兩者是協同發展的一個有機體一點也不誇張。

很多事物都是相互聯繫、共同發展的有機體，語言和思考也是如此。

原始社會沒有語言文字，後來人類發明了文字符號，這些文字符號即是象形文字。構成象形文字的原則之一是：以形表意，這也正是用語言表達思維的原則。

人類發明了語言文字，
同時用語言文字來思考。

隨著人類社會不斷進步，語言文字以形表意的功能似乎逐漸減弱，但與此同時，語言與思維的聯繫反而更加緊密。在現代社會，語言不僅是思維的催化劑，也是思考的工具。

一旦少了語言，思維活動會變得寸步難行。尤其是抽象思維活動，更需要使用語言來表達。

透過語言，抽象思考活動就變得直觀、具體與可視化。

此外，要是少了思考，語言就成了沒有士兵的指揮官，失去存在與應用的價值。因此，我們在輸出知識時，唯有將知識有機結合，才能充分發揮知識帶來的好處，並且提高學習效率。

• 行為難以擺脫思考的「魔掌」

思考是人的大腦對客觀世界的反映和認識。而人的行為受到大腦支配，所以思考會決定行為。換言之，我們從出生開始，一言一行都由大腦中的思考決定。因此，行為無法擺脫思考的「魔掌」。

我們經常羨慕很會念書的人，尤其是那些看起來不怎麼用功、卻往往考出好成績的人。其實，他們之所以能考出好成績，和他們的學習思維有著密不可分的關係。

為什麼這麼說呢？因為思考是行為的導向，不同的思考會產生不同的行為，不同的行為則會產生不同的結果。

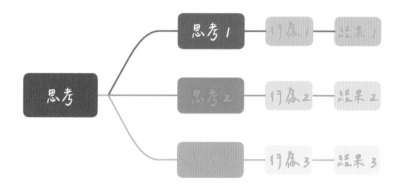

正因如此，那些運用高效思考方式學習的人，往往能在學習上取得事半功倍的效果。要是反過來，情況就不一樣了。例如，你因為考試時沒有充分發揮實力，成績大幅下滑，並且遭到老師責備，這時你會怎麼想？要是你覺得自己被老師的責備傷害了自尊，那你就大錯特錯了。

名作家三毛曾經說過：「唯有自渡，旁人愛莫能助。」有時候，你換一個角度，用批判性思考審視被老師責備這件事，就能找到學習成績下滑的真正原因，也就是你在學習上的「痛點」。這比起維護你的自尊更能幫助你成長。

雖說思考決定行為，但是如果只思考，卻不行動，再美好的夢想也只是紙上談兵。因此，有時思考與行為需要並肩作戰，才能達到相輔相成的效果。

我也想認真學習，可是一拿起手機，就把學習拋到九霄雲外了。

　　我們在學習上應該經常審視自己的思考，確認自己的學習方法是否正確，是否需要升級或轉換。畢竟正是思考決定了我們的行動。

原來思考才是「學霸」的神助攻

　　思考是人類的思辨活動，而學習需要的正是思考與判斷，因此不管是想提升學習效率，抑或想提高學習能力，都離不開思考這個好幫手。可以用來提升學習效率的思考，主要包括邏輯思考、開放性思考、批判性思考、系統性思考等等。

● 提升專注力，從邏輯思考入手

> 學習的本質就是理解事物的本質，而不只是擁有更多的知識。
> 當我們並未深入了解我們所學習到的知識，也不去了解知識的
> 核心內容，學再多知識也沒用。而要想真正了解一門知識，我
> 們需要的是強大的專注力。

很多學習高手都擁有強大的專注力，這與他們強大的邏輯思考能
力有關。

擁有強大專注力的人，即使處在喧鬧的環境中，通常還是能夠專
心閱讀或認真思考。相反的，專注力不佳的人即使待在安靜的環境
中，也往往無法靜下心來學習。

　　大家都在同一堂課學習，卻因專注力各不相同，只有一部分人真正記住了老師的教學內容和重點；然而，專注力差的人卻記不住老師到底說了什麼，形同根本沒學到知識。為什麼會出現兩種截然不同的結果呢？

　　深究其原因，就是因為欠缺邏輯思考能力。邏輯思考是一種透過概念、判斷、推理來辨識事物的方式，它具備一種非常重要的功能，就是將我們渙散的注意力變得專注集中。

　　當一個人欠缺邏輯思考能力，就難以集中注意力，也會影響對事物的認知能力與記憶力。認知能力與記憶力正是提升學習效率的兩個重要關鍵。

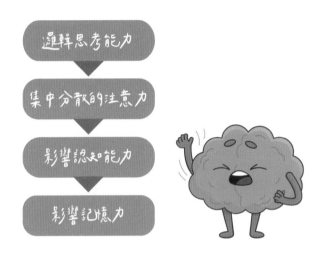

　　邏輯思考能力會影響我們的專注力，進而影響認知能力與記憶力。因此，若我們想培養專注力，就要提高我們的邏輯思考能力。培養專注力的方法之一就是「交給自己一個任務」。這個任務可以是閱讀一篇課文或解決一個問題，也可以是整理某些物品。

在執行任務期間，請將注意力長時間聚焦在任務上，並且反覆思考，如此一來就能培養邏輯思考能力，提高專注力。

● 擁有開放性思考，會變得超級愛思考！

> 要充分掌握一門學問，就要提升思考的開放性。開放性思考不僅可以讓我們在遇到問題時，從多種視角面向思考，尋找答案，還能讓我們深入探索事物的本質。

所謂開放性思考，指的是突破傳統思考模式和狹隘眼界，以多種視角、全方位看問題的思考方式。

擁有開放性思考的人具有以下優勢：

第一，擁有開放性思考的人能較快接受新的觀點與事物，具有較強的學習能力，甚至能舉一反三。

　　第二，擁有開放性思考的人既具備獨立思考的能力，又能站在不同的角度看問題，如此一來，也能不斷拓展思考的廣度與深度。

在學習過程中，如果我們擁有開放性思考，遇到問題時就能發揮豐富的想像力，快速找到解決問題的答案。

此外，我們每個人都有自己的思考盲點。例如，格局大的人不易感知細節，難以察覺自身的缺點。

當缺點被別人發現的時候，不具備開放性思考的人會因此感到痛苦，甚至憤怒。

第三，擁有開放性思考的人會樂於接受他人的建議，並據此自我調整得更加完善。他們也樂於分享自己的知識或觀點，不斷輸出自己所學的知識。

感到挫敗或充滿憤怒的人是無法輸出知識的。由此可見，要想掌握真正的知識，就需要擁有開放性思考。

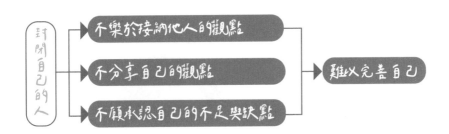

如果一個人欠缺開放性思考，應該如何培養呢？

首先，在學習中保持謙虛好學的態度，考出好成績也絕對不要流露出驕傲的態度。

其次，察覺自己的缺點後要勇於承認，並且設法自我調整。

• 別怕棘手的問題，批判性思考幫你「披荊斬棘」

如果想透過費曼學習法提高學習效率，我們可以在不斷輸出知識的過程中運用批判性思考進行思考。這樣不僅可以找出自己在學習上的不足之處，還能提高學習效率。

批判性思考就是透過一定的標準評價思考，進而改善思考，是一種反思性的思考。

批判性思考具有以下兩個特徵：

第一，質疑，即「會發問」，這是批判性思考的起點。

第二，判斷，即「會解答」，運用具說服力的論證與推理做出解釋與判斷。

　　善於運用批判性思考的人，一旦遇到問題時會提出質疑，然後依據理性、邏輯和事實進行判斷，最後做出決定。

　　此外，批判性思考還能幫助我們找出學習上的漏洞與問題。只要在學習中運用批判性思考，就能察覺自己在學習上的缺點，並且及時改正。如此一來，學習能力將不斷提升。

　　反之，那些不善於運用批判性思考的人則會依照別人灌輸的思想行動，接受僵化的學習方法，導致學習效率低下。

　　若我們想運用費曼學習法學習，不斷輸出知識，就必須培養批判性思考。批判性思考的養成可分成五個步驟進行：

　　第一步，為自己定出一個目標，一個核心的學習主題。

第二步，釐清自己定出這個目標與主題的理由，也就是為什麼要做這件事。

第三步，假設結果，即透過虛擬想像或個人判斷假設出的結果。

第四步，將假設結果的依據一一寫下來。

第五步，對這些依據進行分析，獲得最合理的結論。

總之，要建立批判性思考，必須不斷地觀察、提問和推理。因為凡事都存在因果關係，唯有透過反覆提問、推理，才能發現事物的本質與真相，進而找出解決問題的方法。

● 系統性思考：最高級的思考方式

> 我們在學習的過程中會遇到很多知識點，這些知識點雖各自孤立，卻相當龐雜，不容易記憶。因此，我們需要透過系統性思考來收集、整理、重構、實踐、輸出。同樣的，費曼學習法需要論證學習內容，對複雜的內容進行提煉與歸納總結，這也需要運用系統性思考。

其實，費曼學習法就是一個對知識進行收集、回顧、簡化的過程。運用系統性思考即可完成這個過程。

什麼是系統性思考？系統性思考是一種建立在宏觀認知上的高級思考方式，可以多方面看問題，客觀分析問題，從而找出問題與問題、事物與事物之間的關聯。

系統性思考並非線性思考，而是多元的網狀思考，因此可以權衡利弊，更全面性地審視並處理問題。

　　例如，當我們向別人輸出知識時，必須先進行多方面的評估：我要講給誰聽？講哪些內容？在什麼樣的時間點講？花多長時間講？怎麼講才能讓對方聽懂？

我們可以透過三種方法來運用系統性思考。

第一，整體法，即遇到問題時要從整體、而不是局部思考。

第二，結構法，運用系統性思考時一定要確認內部結構的合理性，才能讓整體更協調。

第三，功能法，即為了使一個系統呈現最佳狀態，從大面向做出調整，或改變系統內各部分的功能。

不是因為你跑得慢，而是老師為了拿團體獎，才沒讓你參加馬拉松。

系統性思考是最高級的思考方式，是思考中最關鍵的要素之一。一旦學會如何運用它，就可以將知識進行整理與輸出，從而提高學習能力。

學習思維將如何改變你？

不同的思考會產生不同的結果。我們每天都要接觸大量的資訊，還要涉獵新領域的知識，在這種知識碎片化的時代，唯有轉換學習思考方式，將知識進行系統化整理與輸出，才能提高學習效率。

● 不一樣的知識點

在現代網路社會，學習知識並不難。過去，我們手上捧著紙本書，但現在已經可以在手機上閱讀了，還能聽有聲書，很容易掌握知識與資訊。只不過，這些知識還沒有系統化，而是彼此孤立的零碎知識點。

現代人熱中於瀏覽各種社群平臺，我們因此能透過平臺上的豐富資訊，接觸大量的有用資料。

　　但是，社群平臺的資訊過於碎片化，只是一個個孤立的知識點，就像許多小船孤零零地漂浮在知識的海洋上。

　　你可能經常覺得自己接觸到很多知識，可是那些浩瀚的資訊與知識點，其實對我們而言都只是路過。

　　碎片化的知識容易轉瞬即逝，說到底是因為這些知識還沒有建立成體系，也就是並未經過系統化處理。反過來說，系統化的知識就算再龐雜，也易於記憶。

　　如果想進一步整理碎片化知識，讓它們形成體系，我們可以透過費曼學習法的歸納、輸出、回顧，來提高知識的留存率。

第一，連結。將你掌握的知識梳理一遍，使其形成有序的連結。

第二，輸出。將你掌握的知識與資訊，以文章、影片、音樂等形式輸出。

第三，定期回顧。目的在於保留有價值的知識，捨棄沒有價值的知識。

啊，還有一首兒歌，但我已經不需要了，先刪掉吧！

● 知識框架：知識專屬的購物車

碎片化知識往往會將複雜的事物簡單化，有時只透露了表面的訊息，卻並未告訴我們背後的原理，以及與其他事物之間的關聯，甚至事物的本質。所以，我們必須將這些碎片化的知識建立體系，建構出一種類似我們網購時會點擊的購物車。

並非所有知識都這麼簡單實用，碎片化知識同樣如此。

要把碎片化知識變成真正有用的知識，我們就要將這些知識排列組合，進行邏輯聯繫。如此一來，碎片化知識才會形成知識體系，衍生出更高的應用價值。

第一，我們要建立知識框架。碎片化知識之所以雜亂無章，就是因為缺少完整知識框架的指引。所謂的知識框架就像一個知識箱，可以幫我們儲備知識。

　　第二，充實你的知識框架。試著在電腦中建立專屬的資料夾，在這些資料夾中再建立多個小資料夾，標上名稱與編號後，將知識分門別類地存入這些資料夾中。

　　第三，管理知識框架。我們每天都要將吸收的知識進行整理，然後分門別類存入相應的資料夾，並且要定期汰舊更新。這樣就能漸漸形成一種內在邏輯，原本各自孤立的知識點也將慢慢形成一個完整的知識體系。

　　第四，輸出。可以輸出的知識才是真正屬於我們的知識。輸出知識的方法很多，例如透過口述，或是寫成文章。藉由這些方法，我們就能確認自己的知識框架在脈絡上是否清晰，結構是否明確。

　　所以，只要我們認真建構並管理屬於自己的知識框架，持續輸出知識，就能慢慢將碎片化的知識簡化並內化。

● 灌溉我們的知識樹

> 在現代社會中，我們每天都會接收到大量的碎片化知識。管理並儲存這些知識，使其成為脈絡清晰、結構明確的知識體系，而非僅僅停留在雜亂無章的知識點，即可大幅提高知識的留存率。

　　很多人常感慨，現代社會的知識變動過於快速，可說是日新月異，有時一種大受矚目的潮流才崛起不久，很快就成了過去式。與此同時，新興領域也如雨後春筍，令人眼花撩亂。

我們每天都會接收新的資訊，所以非常需要進行系統性學習。要做到這一點，我們必須建立屬於自己的知識樹。

知識樹，顧名思義就是將所吸收的知識建立成一種樹狀框架，以形成知識體系。這是一種高效的學習方式。

事實上，這種學習方式運用的是分類思考與系統化思考。

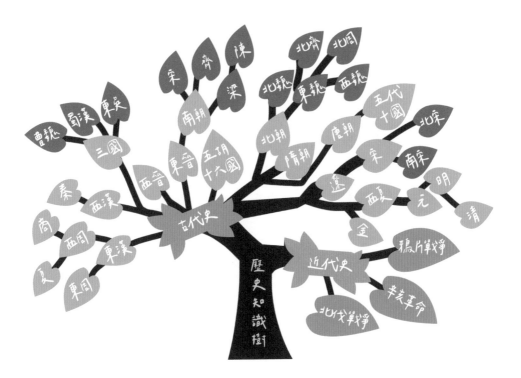

　　漁民為了捕獲大量的魚，將無數根單獨的線交織成網。而我們接收的知識點就像那一根根單獨的線，只要將它們依序交織在一起，就能讓每個知識點之間建立起連結。

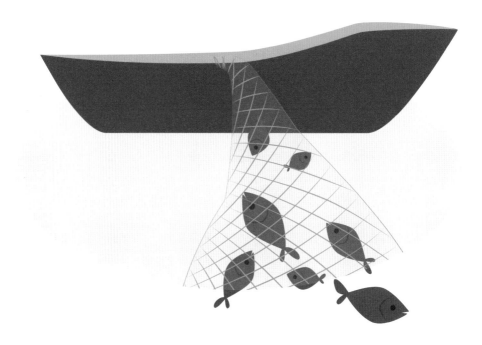

　　要建立高效能的學習邏輯，就要將新舊知識聯繫起來進行對比、分類、系統化等，而知識樹的框架正好符合這個邏輯。

　　但要想建立知識樹，不能只靠電腦或記事本，還需要借助筆記軟體。

　　透過筆記軟體,我們可以建立屬於自己的知識樹,展開蜘蛛網式學習法。如此一來,不僅提高了學習內容的留存率,同時促進迭代思維,讓學習產生核融合般的巨大效應。

第 3 章

設定學習目標，
學習思維就會大翻轉

學習高手都會設定學習目標。確立了學習內容，才能專注在正確的目標上。而長時間聚焦在正確目標的學習者，更容易取得優異的成績。

正確的學習目標與有效的思考框架

　　無論我們設定何種目標，都要確認我們的目標是否正確，因為正確的目標才能讓學習思路變得更清晰。當學習思路清晰時，我們才能為自己建構出有效的學習思維框架，並且持續專注行動，最終實現學習目標。

● 目標數據化與想法具體化

> 在費曼學習法中，確立目標是非常重要的一道環節。唯有具備明確且具體的學習目標，我們才能真正保持專注，全力以赴學習，在有限的時間內吸收更多知識。

　　在學習上，你是否有目標呢？如果沒有，那就為自己設定一個學習目標。凡是學習高手，甚至是人人稱羨的「學霸」，都擁有正確的學習目標。

　　但什麼是正確的學習目標？

　　正確的學習目標可以在自己的能力範圍內落地執行。因此,當你設定的目標很遠大,就得先將它拆分成一個個小目標。

　　正確的學習目標必須具有一定的挑戰性,而且最終是可以完成的。

簡單來說，學習要有一定的困難度，才能激發人們的求知欲與學習動力。

正確的學習目標需要量化。

正確的學習目標需要具體化。例如，目標開始的時間、完成時間、須注意事項等等。如此一來，對於如何完成目標就有了具體的想法。

學習最重要的目的不是死記硬背，而是建立有效的思考框架，並且貫徹實踐。因此，一定要先設定正確的學習目標；有了正確的學習目標，學習就有清晰的方向，行動也會更加專注；專注力越強大，行動力越強大，學習效率就越高。

● 揮揮魔法棒，輕鬆鎖定學習目標

學習的關鍵不在於你想做什麼事，而在於能否將時間與注意力都鎖定在目標上。只有盡可能將時間與注意力鎖定在目標上，你才能全心全意地深入理解所學的內容，並且內化核心知識。

無論學習什麼，都需要一個對象或方向。有了對象或方向，就形同鎖定了一個正確的目標。那麼，如何判斷眼前的學習對象或方向是正確的呢？

好猶豫，都好想學啊，可是到底學什麼才好？

　　要確認自己的學習對象或方向是否正確，我們往往需要多與自己
對話。也就是對自己的目標提出問題，然後自己作答。

也就是說，我們可以對自己的學習目標不斷提問，再尋找事實與依據論證其可能性。

那麼，我們該如何提問呢？

費曼認為，一切的思考至少都是二維思考。意即我們不僅要思考將來的目標，也要思考眼前的小目標。這意味著我們在人生的不同階段，都有不同的事得完成。

我們在提問時，可以依循兩個方向來思考：未來的方向與當下的焦點。未來的方向往往能幫助我們確立大目標，當下的焦點則可引導我們制定可行的學習計畫，確保正確的行動。

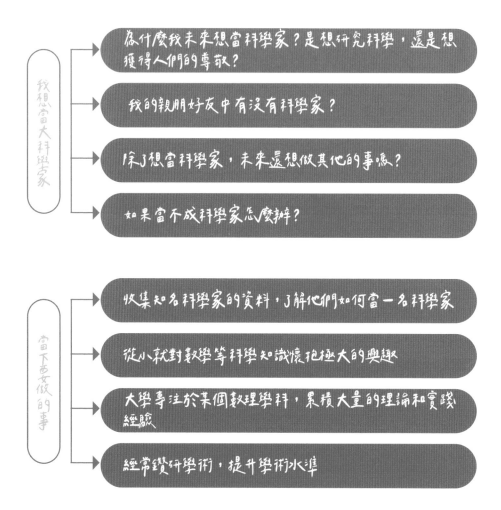

必須注意的是，我們針對目標自我提問時，問題要多，最好不要少於四個問題，四問四答就有八支魔法棒了。有了這些魔法棒，我們才能專注在自己的目標上。

● 將目標與興趣結合起來

> 每個人的時間都是有限的，想在有限的時間內吸收更多知識，
> 需要目標來引導我們。與此同時，我們也要將目標與興趣結合
> 起來，讓自己從事既有意義又感興趣的事。這樣才能真正集中
> 注意力，讓心情保持愉快學習。

興趣指的是人們喜愛或關切事物的情緒。很多人會對自己感興趣的事投入大量精力，甚至把注全副心力也樂此不疲。因此，費曼認為，興趣是一切高品質學習的驅動力。

我從小就喜歡這些太空知識，好想上太空喔。所以我得好好努力了！

我們在學習時，若能結合興趣和目標，那會是最美好的學習方式。例如，我們喜歡看電影或影音頻道，如果目標剛好是提升英語口語水準，不妨多看看歐美電影或英語影音頻道。

要是我們喜歡演講，好比近期就要參加一場演講比賽，我們就會
千方百計地提升自己的演講水準。

將興趣與目標結合，學習不再枯燥乏味。但是，我們要怎麼做才
能找到自己的興趣呢？

首先，排除自己不感興趣的事。例如那些一聽就反感，或是做起來總是感覺不自在的事。

其次，要鎖定自己喜歡做的事。自己喜歡、特別想做的事，就是自己感興趣的事。當然，那些我們擅長做的事，也可能是自己感興趣的事。

找到興趣之後，我們就可以在興趣與目標之間搭起一座橋梁，或是將原本感興趣的事與設定的學習目標結合起來，如此一來，學習成績就能突飛猛進。

制定學習計畫

除了確立學習目標，我們還需要制定學習計畫。制定學習計畫並不簡單，內容上不僅需要高效，還必須細節化，甚至要有一定的變化，尤其格外重視時間管理。

• 高效的計畫比方法更重要

> 高效的學習計畫既能確保學習效率，也能讓我們在學習目標上
> 保持一致，最終如期實現學習目標。因此，在學習時，我們要
> 制定高效的學習計畫，給自己充足的時間來思考如何鎖定、專
> 注在最重要的目標上，以及在興趣與目標、計畫之間建立連結，
> 同時該如何在執行計畫時依據實際情況做出調整或修改等。

　　很多人都設定了學習目標，但是最後卻沒有實現，這是為什麼
呢？深究原因，會發現這些人並未制定高效的學習計畫。有時候，高
效的學習計畫比方法更重要。

　　那麼，什麼是高效的學習計畫？

　　具體來說，高效的學習計畫不僅要合理可行，還得同時確保學習效率，例如怎麼學、分幾個階段等等。

費曼在制定學習計畫時，會針對目標做深入的論證，以聚焦在最重要的目標上，同時在學習計畫與目標之間建立連結。

第一，深入論證目標的合理性。以批判性思考多問自己幾個問題，然後一一回答，確保目標是正確的。

第二，在學習計畫與目標之間建立連結，也就是確認計畫的可行性。這時。我們必須更謹慎地自問：學習計畫與目標是否高度契合？可行性又是如何？

唯有高度契合的學習目標與計畫，才能成就高效的學習。

正確的目標絕對少不了高效的計畫。目的是確保我們在學習時做好時間管理，掌控學習進度，按部就班實現學習目標。

● 再完美的計畫也要「大事化小」

> 制定學習計畫的用意，就是為了確保能順利實現學習目標。畢竟實現目標絕非一蹴可幾。因此，制定學習計畫時不僅要量化，還要加以細節化。也就是將目標拆分成一個個小目標，然後落實每個小目標，即可確保計畫的每個環節都能如期完成。

很多人在制定學習計畫時，規畫得雖很完美，卻不易執行。因此，我們在制定計畫時除了確保可行性，也要著手研究計畫的細節。例如，將目標進行拆分。

那麼，如何在學習計畫中將目標進行拆分呢？

第一，對學習目標加以梳理、分析，並且拆分為一個個階段性的小目標。然後，確保這些小目標可逐一落實，讓學習計畫更為具體明確。

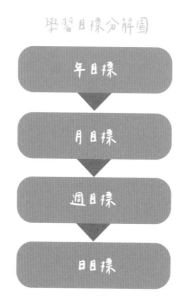

第二，將學習目標量化。

　　第三，制定詳細的學習計畫。將學習計畫進一步細節化，例如學習方式、進度、期限，評估標準等細項。

英語單字學習計畫

學習進度：每天學習 2 個新單字

學習期限：每天就寢前完成當天任務

每週週末，完成當週任務

每月月末，完成當月任務

英語單字學習計畫評估標準

背熟單字，並理解單字的意思

可以輸出，即向他人講述單字的語義、用途等

可以熟練地用學來的單字與人交流

第四，按部就班，體驗成就感。

學習計畫必須確保按部就班完成。每完成一道環節，就能體驗到成就感，即是學習上的正回饋。

簡單來說，要制定高效的學習計畫，就要在制定學習計畫時將大目標拆分為一個個小目標，並為這些目標設定完成期限。

如此一來，目標的起點與終點之間即可建立連結，彼此產生互動與反饋，確保計畫中的每道環節都得以順利實行。

- 「橡皮筋式」的計畫

> 再完美的學習計畫也不可能一成不變，而是要隨內外環境的變化加以調整。這麼做，可以讓我們在內外環境出現變化時，不至於變得手忙腳亂，甚至還因此打亂既定的計畫，影響計畫的可行性。

你知道橡皮筋嗎？橡皮筋最大的特徵是極富彈性，可以在一定的範圍內調整大小，所以才被人們廣泛應用。

沒想到這麼小的橡皮筋居然捆得住這麼一大把青菜！

很多人雖然基於某個學習目標而制定學習計畫，最後卻沒有按計畫實現，這往往是因為一些突發狀況。例如換了班級，環境發生變化等等。

唉，看來這學期提升國文成績的計畫又泡湯了⋯⋯

所以，我們在制定學習計畫時，要讓學習計畫像橡皮筋一樣富有彈性，擁有調整空間，這樣才是真正高效的學習計畫。

如何制定橡皮筋式的學習計畫呢？

第一，學習目標具有彈性，可以隨時調整。

在制定學習計畫時，要確認學習目標是否有彈性，是否能依據回饋隨時做出調整或修正。

可以隨時調整的目標，往往更容易應對學習中出現的意外，適應計畫的變動，從而確保學習在正確的軌道上執行。

第二，多預留學習時間，時間具備可調整性。

要實現高效學習，就要安排合理的學習時間。例如，在制定計畫時，為重要的目標保留足夠的執行時間，這樣一來，即使遇上突發狀況，也不至於讓學習時間因而縮水。

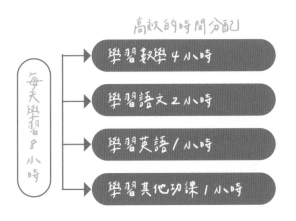

　　第三，學習計畫要有餘地。不妨準備多種學習方案和備用計畫，後者就是為了因應突發狀況的計畫。

　　每個階段性目標的學習時間要有彈性，可以隨時調整。例如在必要時，可以視情況將當天的學習時間延後或提前。

● 沒有按時完成的計畫不是好計畫

> 高效學習並非制定好計畫後從此高枕無憂，而是需要一步步完成。要想順利完成計畫，我們不僅要在學習時依計畫行動，也要運用一些方法和技巧確保按時完成計畫。

　　學習知識並不容易，即使制定出一套完美的計畫，執行過程中仍可能出現各式各樣的意外。因此，為了按時完成學習計畫，我們需要運用一些技巧與訣竅。

　　第一，立即行動。

　　如果想按時完成學習計畫，我們必須嚴格要求自己，例如在制定學習計畫後馬上行動。

第二，聚焦目標。

凡事有輕重緩急，我們在執行學習計畫時，應該把主要的精力放在最重要的目標上。

第三，按部就班。

準備一些便利貼，將每天的任務寫在便利貼上，並將便利貼貼在書桌或電腦螢幕旁，在完成的任務後面打勾。

完成一項任務再進入下一項任務，會帶給我們積極的心理暗示與正回饋。

第四，隨時調整計畫。

制定計畫時，我們可以做週期性的計畫，例如以三天為一個週期，這樣就能隨時調整計畫。

與此同時，執行計畫時，我們也要依據回饋與實際情況改善或更新學習計畫。要是在學習時遇到困難，例如今天無法順利完成任務，那就將這項任務編入明天的任務。

第四，做紀錄，即時整理結論。

對於沒能及時完成的任務，我們都要記錄下來，並且重點記錄原因及補救措施。

當我們提前完成了某一階段的任務，要給自己一些小小的獎勵，才能在學習上保持動力。

學習好的方法與建立正確的學習思維

學習好的方法與建立正確的學習思維，可以帶來事半功倍的學習成效。費曼學習法首先提出方法論，再來才是學習具體技能。起初，你可能難以接受這樣的學習思考方式。但是你必須不斷接受新的學習方法，因為好的學習方法往往能幫助你建立正確的學習思維。

• 別小看心智圖

不同的學習思維會帶來不同的學習效果。費曼學習法之所以能帶給我們更好的學習成效，是因為它改變了學習思考方式，讓我們在掌握方法論的同時，也掌握學習技能；讓我們熟練於吸收知識的同時，又能將知識以合理的邏輯系統化，建立屬於自己的知識體系與知識框架。

你在學習時，是否曾遇到一些影響學習效果的問題呢？

這道數學題還是不懂嗎？
我都告訴你好多次解題方法了，
你大腦是灌水泥了嗎？

　　遇到問題時，我們應該如何解決呢？事實上，所有問題都可以透過活用心智圖來解決。

　　心智圖的特定圖像，可以讓我們對知識建立起強烈的畫面感。我們融入了這些場景後，即可快速吸收知識與資訊。

　　此外，心智圖會將知識點以列表、圖像、分支的形式呈現在同一張紙上。我們不僅能輕鬆掌握重要的知識點，還能以低成本高效學習。

最重要的是，心智圖從宏觀的角度重新組織知識，建構出一個以系統化方式思考問題的框架。有了這樣的思維框架，就能大幅提升學習效率。

例如，我們在閱讀時，就可以運用心智圖做出一份很棒的讀書筆記。

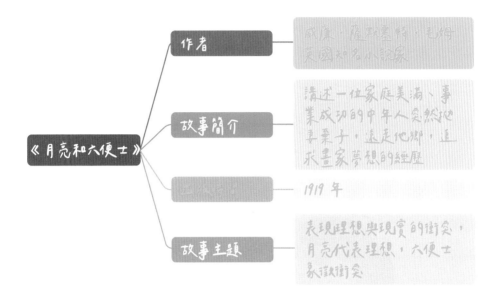

　　在費曼學習法中，心智圖是一種「以教代學」的重要工具。只要充分運用這個工具，不僅能將學習場景可視化，提高學習效率，還能輕鬆向他人輸出知識。

● 系統性學習法比你想的更神奇

建構知識系統就像修築一張四通八達的交通網絡。要建構這張網絡，就要遵守一些原則，例如歸納、篩選和分析，以及系統思考。從本質上來看，系統思考就是從事物或知識的關聯性著手，以深入理解事物或知識的本質。

　　如果你需要裝修新房子，你要做的第一件事是什麼？是買水泥，還是買地板？答案是：請建築師繪製一張施工圖。這就是透過系統思考，讓裝修這件事的想法變得具體而明確。

　　裝修需要系統思考。同樣的，學習也需要系統思考。但到底什麼是系統思考，或者說具邏輯性的思考？讓我們既能透過這種思考方式思考，也能在學習時應用。

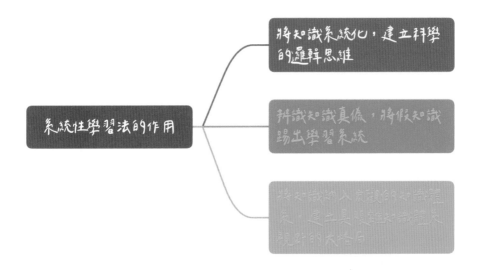

　　但是，我們在使用這種方法學習時，必須遵守三個原則：歸納、篩選和分析。如此一來才能充分吸收、消化知識，達到活用的目的。

　　此外，我們還會使用到一些思考工具。

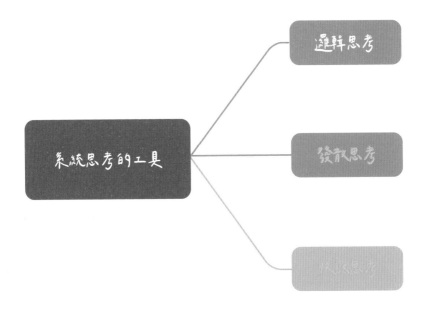

接下來,我們可以透過以下步驟展開系統性學習。

第一,將知識進行歸類或比較。在這道步驟,會用上邏輯思考與發散思考。

這樣就能識別知識真偽，跳出知識的邏輯陷阱，確保高效學習。

第二，運用發散思考，思考、分析知識與知識之間的關係。在不同知識的激盪下，發現新的知識。

第三，運用收斂思考。收集已吸收的零散知識與資訊，進行分類，建構出屬於自己的知識框架。

簡言之，系統性學習可以將知識結構化、系統化，並且幫助我們快速、全面、深入理解知識，有效提升學習能力。

• 自我分享才是費曼學習法的核心

所謂輸出，就是向別人講述自己學習而來並理解的知識，還得分享自己的學習心得或體悟。如此一來，才能真正記憶、理解知識，同時增強學習的積極度，開拓更寬廣的知識視野。這也是我們在養成良好的學習習慣時不可或缺的方法。

輸出，就是將自己所吸收的知識分享給別人。更精確地說，我們要向別人講述自己學習而來的知識。

如果想順利地輸出知識，輸出前一定要做好準備工作。例如，先自我輸出或自我分享。具體來說，就是將所學到或吸收的知識先講給自己聽。

自我分享有什麼作用呢？從心智圖即可一目瞭然。

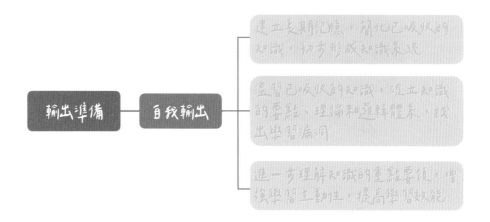

建立長期記憶，簡化已吸收的知識，初步形成知識系統

溫習已吸收的知識，確立知識的要點、理論和邏輯體系，找出學習漏洞

進一步理解知識的重點要領，增強學習主動性，提高學習效能

但是，我們又該如何將所吸收的知識先講述給自己聽？這沒辦法一蹴可幾，而是需要一步一步來。

第一步，從你記憶較深的知識開始分享，不需要擔心內容是否完備準確。同時，準備筆記本或便利貼，將你印象深刻的知識點記錄下來。

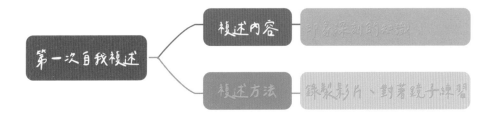

第二步，進行第二次自我分享。這時，我們要關注的是分享過程遇到的問題，以及分享知識的正確性。

第三步，進行第三次複述。這時，我們要一邊講，一邊將知識進行比較與分類；抑或將自己的心得、體悟及觀點等一併融入複述中，讓自身的知識系統彼此對接。例如，我們在學習高效寫作時，就可以在複述的同時融入寫作文時的心得、體悟和經驗。

第 4 章

輸出替代輸入，
也就是教學相長

向別人輸出知識，其實就是分享知識。學習高手特別喜愛分享自己所學到的知識，例如樂於在課堂上回答問題，為同學講解某道習題的解題思路，甚至是自己的學習心得與體悟。從表面上看，他們在輸出知識，但其實那正是以輸出替代輸入的教學相長學習法。

會分享知識的人才會學習

分享知識就是輸出知識。例如，我們在課堂上回答老師的問題、寫作業，以及寫下學習心得等等，都是在輸出知識。而輸出知識的目的，正是以輸出替代輸入的體現。因此，我們在分享時，需要運用一定的方法和技巧讓別人聽懂，才能進一步經由別人的回饋了解自己的學習效果。

● 分享是認知的強化工具

> 向他人分享知識，就是對於其中的重點內容或知識點的二次學習。這麼做有助於我們澈底理解和吸收知識，提高學習效率。學習高手都樂於與他人分享知識。

老師在課堂上提問時，為什麼成績優秀的同學總是搶著舉手回答？當同學遇到解不出來的題目時，為什麼總有熱心的同學願意分享解題的想法與技巧？

　　這是因為學習高手總是樂於分享、輸出知識。分享知識可以分成兩種形式：書面分享與口頭分享。

　　為什麼學習高手都熱愛分享？送人玫瑰，手留餘香。向別人分享知識，也可以反過來幫助自己強化認知，並且察覺自己在學習上的不足之處。

　　學習高手都是怎麼分享的呢？他們在分享前，往往會做足準備工作，例如先將要分享的知識進行拆解，確保所有聽眾在聽講時都能夠理解。

　　此外，有些人會將要分享的知識整理成一篇文章，這形同將分享的思考方式切換成寫作的思考方式。

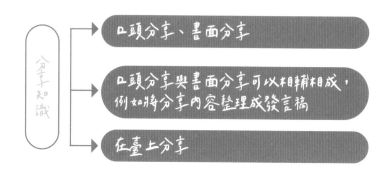

那麼，寫作的思考方式指的又是什麼？

第一，下筆前要先反覆思考，寫什麼（建立目標、確定主軸）、怎麼寫才能獲得讀者的認同與喜愛（即書寫風格）。

第二，為了寫出獲得讀者認同與喜愛的作品，作者在寫作時要字斟句酌，必須留意內容的邏輯性與流暢的脈絡，避免讀者閱讀困難。

第三，好文章是改出來的。在最終完稿前，不妨多次修改，很多文章都不是輕輕鬆鬆一氣呵成的。

第四，寫作時，作者要深入掌握並理解寫作主軸，確保寫作內容與方向的合理性。

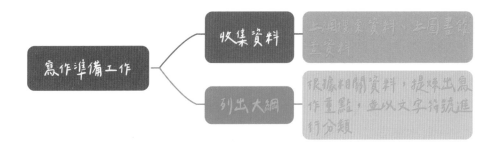

透過寫作的思考方式，我們可以反覆思考重要的知識點，不斷精煉語言，讓輸出分享時獲得更多人的理解與認同。與此同時，自己也能在分享的過程中強化對知識的認知。

● 運用這些技巧，讓人秒懂你的分享

輸出知識，也就是向別人分享知識。如果希望順利分享，並且獲得認同，就要讓對方聽得懂我們所傳達的內容。事實上，分享並沒有我們想像中那麼簡單，而是需要運用一些技巧。

　　分享從來就不是照本宣科，而是將所吸收的知識進行梳理，再以自己的語言傳達出來。但是，要讓人聽得懂，才是成功的分享，也才表示我們真正內化了這些知識。

　　要讓人聽得懂，就需要運用一些方法或技巧。

　　第一，提煉觀點。

　　輸出知識時，費曼學習法會以簡單扼要的文字來解釋某個觀點，讓所有人都能夠快速理解。

還以為分享很簡單，
沒想到根本是在挑戰
我的語言組織能力！

　　其實，這正是在考驗我們提煉觀點的能力。如果你一開始不曉得
該怎麼做，可以先將分享內容中的一些複雜的觀點或概念加以簡化。
重點是，讓別人聽得懂你想傳達的內容。

什麼？一個概念居然
用四、五百字解釋？
太囉嗦了！

第二，語言簡單淺顯。

如果分享的內容較專業晦澀，裡頭還有不少冷僻的概念或困難的知識點，而聽眾顯然從未聽過這些觀點，那麼我們在分享時，就必須使用簡單淺顯的語言。

語言越通俗，別人越聽得懂！

　　第三，將知識與分享的場景結合。我們在分享時，不妨將想傳達的知識與場景結合，場景化的語言能讓聽眾身歷其境，更容易理解。

　　第四，將知識點依序列出，以並列重點的結構來組織語言。

　　第五，將知識點按時間序區分成過去、現在、未來，多維度連結知識點。

　　第六，依故事的起因、經過、結果區分，也可以透過內容的高峰、低谷、反彈來連結知識點。

　　費曼學習法就是運用上述的技巧來輸出知識，讓人們得以深入淺出，澈底掌握新觀點和重要的知識點。

- 毫無語言魅力的分享只是在自嗨

分享的關鍵是讓別人也聽得懂。要讓人聽懂，分享時就要以流利、簡潔、精準的用詞表達。這樣既能讓人聽懂，也能提升自己的表達能力，並且真正將知識內化。

費曼認為，你懂得什麼並不重要，唯有讓別人也聽懂了，你才真正學習到知識。但是，與人分享、讓人聽懂我們的想法，其實並沒有想像中那麼簡單。

例如，當我們看到一件有趣的事，或是觀賞了一部精采的電視劇，往往會想和同學或朋友分享。

姊姊，我昨天看了一部超搞笑的動漫……哈哈，男主角真的很那個。咦？姊姊覺得不好笑哦？

可是當你跟別人分享時，卻發現自己說起話來顛三倒四、語無倫次，雖然看似說了很多話，卻辭不達意，對方自然聽不懂你在說什麼。於是一場興高采烈的分享，最後淪為一場自嗨秀。

為什麼會這樣？可能包括幾個原因，第一，你的話太多，不夠簡潔俐落；第二，你的表達不精確，可能基於邏輯不通或辭不達意，並未將想傳達的內容真正傳達出來。

如果你希望別人能聽懂自己的分享，必須注意以下幾點：

第一，分享時的句子盡量簡潔易懂。

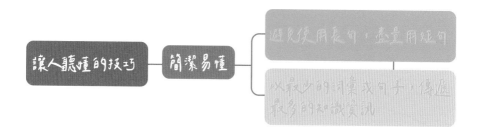

讓人聽懂的技巧 → 簡潔易懂 → 避免使用長句，盡量用短句

以最少的詞彙或句子，傳遞最多的知識資訊

第二，分享的內容與用詞都要正確精準。

「坐井觀天」這個成語，你要先理解它的本質和引申意義，才能確實傳達給別人！

第三，分享重要的內容與知識點時，要聚焦在主題分享，避免老是說些無關的內容，偏離主題。

　　也就是說，分享的目的是審視自己的學習成效，同時透過別人的
回饋來正視自己的不足。所以，我們在分享時一定要謹記「以終為
始」的原則，盡量保持簡潔易懂、用詞精準、邏輯清晰、不偏離主題，
否則就無法引起共鳴，反而淪為一場自嗨秀。

🔍 輸出替代輸入，學習事半功倍

以教代學是費曼學習法的核心，也是學習最重要的關鍵。以教代學是讓學習者站在教授者的角度，將所掌握的知識內容向他人輸出。學習者可以從聽眾的回饋中了解自己的學習成效，察覺到自己的不足之處，還能因此提升知識留存率，讓學習事半功倍。

• 好的學習思考方式就是不斷輸出

> 輸出知識不是目的，目的是以輸出替代輸入。輸出替代輸入可以提升我們的學習積極性，並以較少的代價獲得較高的知識留存率。因此，當我們在學習上欠缺動力，又想提高學習成績時，不妨透過這種方式激發學習動力。

一般來說，學習可以分為「主動學習」與「被動學習」兩種方式。大多數人屬於後者。這是因為人們往往是在父母師長的要求下學習，從來沒有體會到主動學習的樂趣。

　　況且，人的本性好逸惡勞，不願走出舒適圈，所以既對花費心力的學習不感興趣，又少了積極學習的動力，學習效率自然非常低。

那麼，我們應該如何提升學習動機呢？

很多人會結合獎勵與處罰，但是一位母親卻別出心裁。她發現女兒對學習興趣缺缺，於是每天在女兒放學後，就問女兒今天老師教了什麼，讓女兒複述一遍老師的上課內容。

要是有聽不懂的地方，她會向女兒發問。如果女兒也不懂，她會要女兒隔天去問老師。就這樣，女兒在學習上變得越來越積極，她從此也不再需要每天催著女兒學習。

其實，這個母親運用的就是費曼學習法中以輸出替代輸入的觀念。

傳統學習中的聽、看、讀等被動的學習方式，是以較大的代價獲得較低的知識留存率。因此，如果我們想要吸收更多知識，只能加倍努力學習。也就是說，傳統的學習法是透過勤奮來促進知識增長。

　　由於每天課業繁重，其實很多「學霸」也不愛學習，往往是被動學習。因此，我們不妨透過持續輸出知識，來提升學習動機與積極度，以較少的代價獲得較高的知識留存率。

　　以輸出替代輸入是一種高效的學習法。這種學習法不僅能夠讓我們真正深入理解知識點，提升學習動機，實際上也讓學習變得更加輕鬆有趣。

● 充滿魔法的輸出語言

> 想讓別人聽懂或理解你的分享，就必須使用通俗易懂的語言。
> 如果分享時會用到比較專業的術語或觀念，則須替換成生活中
> 較淺顯的詞彙，或尋找可類比的例子。這樣才能同時開啟別人
> 的認知與理解能力，予人醍醐灌頂之感。

　　我們通常用在輸出知識的語言，都是自己眼中最熟悉、最簡單的
話。輸出的最大魅力就是語言的魅力。因為它先熔解了知識點，再重
鑄成屬於自己的語言結構。

　　歷史上，就屬詩人白居易在輸出知識時的用語較為淺顯，事實上，他的作品也是以通俗易懂著稱。據說，詩人每次輸出時都會經過多次修改，要改到婦孺都聽得懂為止。於是他成為中唐時期的代表詩人之一。

　　將專業知識轉換成平易近人的語言，這是科普，對一般人來說並不容易。但費曼認為，要讓別人理解你的分享，就要在聽眾的理解能力與認知範圍內進行分享，這也是輸出知識的一項基本原則。

　　那麼在輸出知識時，我們該怎麼做，才能讓自己始終遵循這個原則呢？

　　首先，制定原則。掌握聽眾的年齡、職業、性別、教育程度等資訊。運用最適合聽眾的語言，才能確保輸出的效果。

姊姊，家裡汽車的變速箱壞了？變速箱有什麼功能為？

汽車的變速箱就相當於自行車的變速器，可以調整車子的速度。

　　例如，媽媽只是一名家庭主婦，因此向她輸出知識時，可以盡量使用她熟悉、聽得懂的語言。

　　其次，將輸出知識與現實生活中的場景結合。例如，當媽媽問你為什麼冰箱要除霜時，不需要回覆一堆冷凍原理，可以改用以下的方式回答：

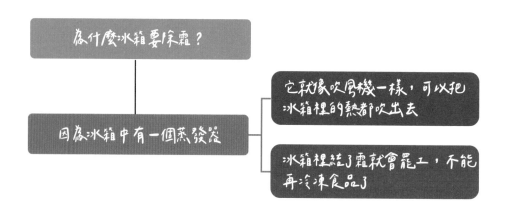

為什麼冰箱要除霜？

因為冰箱中有一個蒸發器

它就像吹風機一樣，可以把冰箱裡的熱都吹出去

冰箱裡結了霜就會罷工，不能再冷凍食品了

蒸發器不在媽媽的知識範圍內，所以用吹風機類比，讓媽媽很快能明白冰箱的除霜原理。

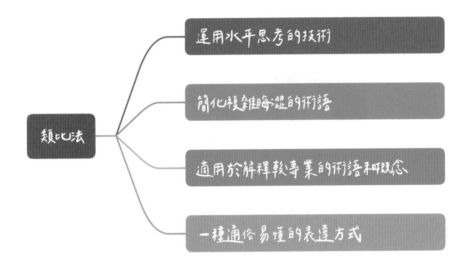

輸出是一段不斷摸索的過程，也是持續學習的旅程，最大的魅力就是通俗易懂的語言。

● 學以致用是更好的學習

學習的目的不是為了吸收比別人更多的知識，而是將學習的知識應用在日常生活中。因此，我們在學習時要進一步理解眼前的知識，並且融入自己的觀點，才能真正活用知識，掌握學習關鍵。

　　在過去，學生基本上很難學以致用。因為無論是老師或學生，都只在乎試卷上的分數，很少在意分數以外的能力。而對於平常用不到的知識，人們往往也提不起勁學習。所以，我們需要立刻使用知識。

　　怎麼做才能立刻使用知識？可以參考以下的做法：

第一，以輸出替代輸入，以教代學，透過教學、自我學習、自我分享、與人分享等行動，馬上運用剛學到的知識。

第二，積極參與物理、化學等課堂上的實驗課程，並且親自動手，將課本中的知識融入實驗中，同時反覆思考實驗失敗或成功的原因。

　　第三，將知識用到場景中。例如學英語需要在語言環境中反覆實踐，慢慢加深對語言的認識。

　　第四，寫文章投稿。向不同年齡層的雜誌或專欄投稿，投稿獲採用會激起我們對寫作的興趣。但要注意的是，除了保持毅力，也要做好不斷修改稿件的心理準備。如果未獲採用也很正常，千萬不要因此喪失鬥志。

　　第五，以解決問題的方式學習。找一個相關學科的難題，全神貫注、不斷嘗試解答，如此一來會意外學到很多知識。你可能永遠解不出答案，但這段過程中所得到的知識永遠都是自己的。

　　第六，發明創造。保有一顆發明創造的心，主動學習。不妨製作一些網路上都看得到的簡單小發明，透過學習、製作，分享給親朋好友，感受分享的喜悅，進一步提升對發明創造的熱情，然後學習到發明創造背後的邏輯與知識。

第 5 章

輸出促進輸入，
二次學習與回顧

輸出知識是站在老師或傳授者的角度進行，
這種方式最終可以促進知識輸入。唯有如此，我
們所學到的知識才能變成自己真正擁有的本領，
內化為自己的智慧。

輸出促進輸入，消除學習盲點

我們在輸出知識時，可以審視知識本身的問題，同時強化對知識的記憶與理解。因此，輸出知識會提高對特定內容的留存率，增進學習效率。

● 掌握知識盲點的痛點學習法

知識浩瀚如海，所以我們要持之以恆地學習。我們都有自己的知識盲點，都有連自己也難以察覺的問題，因此在學習上容易遇到痛點。只有發現學習上的痛點，才可能找出一條更便捷的學習路徑。

很多人在學習時會發現，老師說的我明明都懂，可是當老師點名我回答問題時，我站起來卻不知如何回答，腦中一片空白。

　　為什麼會這樣？這是因為我們每個人都有自己的盲點。什麼是盲點？所謂盲點就是我們看不到的角落、沒想到的地方。

　　正因為每個人都有盲點，所以我們在學習時，總會感到學習不足，或是忽略了一些不易察覺的知識點。如果想要提高學習效率，就必須消除自己的盲點。

具體來說，如果想要消除學習上的盲區，我們要對不明白的知識主動提出質疑，然後進行回顧、總結、反思與修正。因此，我們必須先做到兩件事：

第一，重新檢查知識庫。學習讓我們擁有屬於自己的知識庫，因此，重新檢查知識庫，就能發現自己在學習上是否有所遺漏，或是理解錯誤的地方。

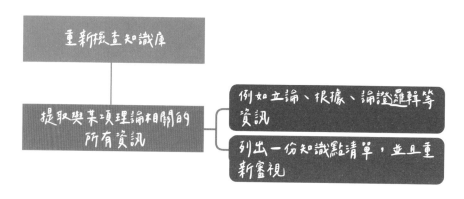

第二，重新驗證知識的關聯性。所有的資訊和知識點都在彼此邏輯上具有相關性。

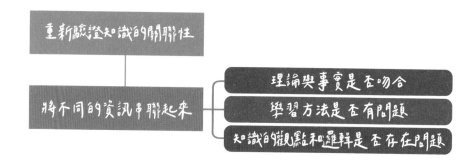

如果想提高學習效率，就必須消除學習上的盲點，釐清知識點，並及時發現學習上的問題，然後解決問題。

● 二次輸出：讓知識變得「容光煥發」

二次輸出是輸出知識的過程中絕對少不了的一道環節。我們可以對自己輸出，也可以向他人輸出。一般來說，二次輸出與一次輸出的聽眾不同、場景不同、形式不同，因此可以帶來更高效的學習成果。

很多人會為了學習晚睡早起。儘管這麼努力了，卻還是得不到相應的回報。為什麼會這樣？其實，這是因為你只用一次輸出的方法在學習。

光是用一次輸出的方法學習，輸出越多，消化得卻越少。應該如何解決這個問題呢？最好是用二次輸出的方法持續學習。如果有需要，甚至可以多次輸出。

為什麼要進行二次輸出？

第一，一次輸出與二次輸出的聽眾不同。一次輸出是講給自己聽，自己就是聽眾。二次輸出的聽眾是自己以外的人，包括同學、親友，甚至陌生人。

二次輸出，最好的方式是組成學習小組進行分享討論。

第二，一次輸出與二次輸出的場景不同。一次輸出可能是在家裡，二次輸出則是待在一個真實的輸出知識場景。例如，你可能會在平時上課的教室裡發表，或是學校的禮堂等地點輸出。

還是喜歡這種小組討論，不會太緊張，又能審視自己的學習成果。

第三，一次輸出與二次輸出的形式不同。一次輸出只有你一個人講、一個人聽；二次輸出則是你向別人分享，聽眾也更多了。每當有人提出問題，你就能進一步消化自己的知識，大腦也能進一步思考原理。

皇天不負有心人！堅持了一整年的小組學習，數學成績終於拿到 96 分，而不是 69 分了！

如果是透過分組討論的方式進行二次輸出，我們就可以在討論中複習學到的知識，例如內容、觀點，吸收了哪些新知識，以及有何不足之處。如此一來，可以大幅提升學習速度。

● 再次輸出：加值知識的「硬實力」

再次輸出可以是三次輸出，也可以是四次輸出。透過不斷促進輸出，提升知識的留存率。我們在再次輸出知識時，聽眾會提出新的質疑、新的見解。這種互動會強化我們的認知和理解能力，拓展學習範圍，提高學習動機。

在學習的過程中，儘管經歷一次輸出、二次輸出，可能還是有部分同學跟不上，因為很多事並非一、兩次就能學會，而我們也絕非天才。所以，我們可能需要多次輸出，才能澈底掌握所學到的知識。

　　要取得良好的學習效果，不僅要及早輸出知識，還要高水準、高頻率輸出。每一次輸出都形同幫知識加值，提高留存率。

知識留存率是什麼？事實上，知識留存率就是我們能夠長時間記憶知識的比例。留存率越高，表示我們學習的成效越大。

因此，為了提高留存率，我們必須主動、及時、高水準、高頻率輸出知識。

哇，最近一邊學成語，一邊講成語故事給別人聽，一天下來就學了 10 個，後來記住了 9 個，簡直出乎意料！

第一，主動輸出知識時，除了表現出積極的態度，我們也需要思考一些問題。例如，怎麼說才能讓別人聽懂？哪些內容、哪些重要的知識點，可以獲得聽眾的認同與理解？這樣可以鍛鍊我們的表達與理解能力，更重要的是，訓練我們掌控知識的能力。

第二，雖說要及時輸出知識，但我們往往會卡關，要是不盡早往下鑽研，偷懶不動腦筋，很容易忘記要輸出知識，如此一來，學習形同又要從頭開始。

第三，高水準輸出知識。首先，由於我們對這些知識擁有一定的認知，可以在筆記本上寫下心智圖；其次，不斷對自己發問，釐清知識的邏輯性；最後，一個一個輸出知識，避免因為混淆而影響知識的學習質量。

　　第四，高頻率輸出知識。每當出現知識難點時，大腦就會要我們休息。但我們不能中斷學習，所以這時更要堅持學習、輸出，才能真正內化知識。

　　此外，再次輸出時，正是再次學習、勇闖學習難關的時刻。學習在此分出高下。

　　審視輸出的知識，這些思維都是好幫手

　　我們在學習時，必須定期或不定期回顧、做結論與反芻我們所學到的知識。其中，回顧、做結論是對學習效果進行評估；反芻則是尋

找反證，對學習品質進行評估。無論是回顧、做結論或反芻，我們需要借助一些思考工具，對學習提出質疑並加以探索，以確保所吸收的是正確的知識。

● 反芻思考：檢驗學習品質

人的學習能力與反芻、做總結論和升華的能力密切相關。尤其是反思思維，不僅可以讓我們更加透澈地理解知識，還能確保所吸收的知識正確無誤。因此在學習時，不妨時刻以反思思維來驗證學習的質量。

你身邊也有這樣的人嗎？他們在考到好成績的時候會非常開心，可是一旦考差了，在班級的排名退步，就會變得非常沮喪。

然而，沮喪有用嗎？與其灰心喪志，不如透過反芻思考找出成績下滑的原因。

　　反芻思考就是尋找反證來審視自身的學習品質。例如我在學習上是否夠扎實？是否足夠全面不偏頗？

以反芻思考評估學習品質時，既能找出知識上的盲點，還能探索新知識。

第一，幫助我們發現知識的盲點。

我們在學習時要經常反思所學到的知識，並且針對重要內容或知識點加以梳理，有必要的話，還可以回頭尋找反證，確認是否存在知識誤區。若有，就能即時進行更正或補充。

第二，幫助我們學習新知識。

當我們學習一種新知識時，不妨先運用反思思維，確認這種知識是否經得起檢驗。

要確認知識是否經得起檢驗，就要多多應用這門知識。假設我們得知了一種植栽訣竅，可以常在植栽時運用。如果確認是正確的知識，就再進一步內化為自己的本事。

● 歸納思考：找出學習痛點

在費曼學習法中，回顧與反芻是兩個非常重要的環節。經過回顧與反思，我們可以對知識進行更加全面且深入的了解，同時解決其中具爭議的內容或觀點，讓腦中的知識更為精確，符合科學精神。

你是否曾經發現，雖然和同儕一樣都在學習，卻常對考卷上的成績感到失望，總覺得自己的投入與回報完全不成正比。

老師同樣在授課，大家同樣認真地做筆記，兢兢業業學習。然而，現實卻是排名在後段班的人依舊待在後段班。

　　這是因為，我們每一個人在學習上缺少歸納思考。很多人由於缺少歸納思考，不知道怎麼對學習進行回顧與總結，於是往往在考差之後難過一陣子，卻仍無視於自身在學習上的盲點與不足之處。

這一次，又沒同學考得好，好傷心！

　　所以，如果你渴望改變這種學習狀態，就要學會對知識進行回顧與總結。

　　第一，敢於懷疑和探索。我們必須敢於質疑知識的真實性、數據的正確性。勇敢探索自己的學習方法、學習進度、學習結果，甚至學習過程。

　　第二，保持強烈的好奇心。我們在學習時一定要保持好奇心，因為好奇心具有兩項重要的作用：

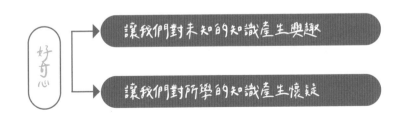

好奇心 → 讓我們對未知的知識產生興趣

好奇心 → 讓我們對所學的知識產生懷疑

第三，尋找反證，重視否定式論據。顧名思義，否定式論據意指否定既有的知識點或觀點的證據，主要包含相反的數據與觀點等。

以上就是以歸納思考進行回顧與總結的方法。透過這個方法，我們不僅可以發現自己的不足與誤區，還能著手修正。如此一來，就能提高知識留存率，改善投入與產出不成正比的問題。

● 升級思考：修補學習缺口（learning gap）

> 我們在學習時都會遇到問題，甚至是思考上的問題。這時，我們要重視自己的發現，並且保持強烈的懷疑精神，才能提高思考能力。思考升級才能加深對問題的理解，學習到真正的知識。

學習的目的就是提升學習能力。但是，與其閱覽大量的知識，不如學到真正的知識。要做到這一點，我們就要對學習思維進行升級。

什麼是思考問題？思考問題通常是指我們的思考出現問題，無法與正常或優秀的思考相比。

天啊，原來我在這個領域的思考是有問題的。

媒體在報導新聞事件時，開頭會先提出問題，然後一層層分析論證、釋放資訊，最後總結出一定的觀點或立場。

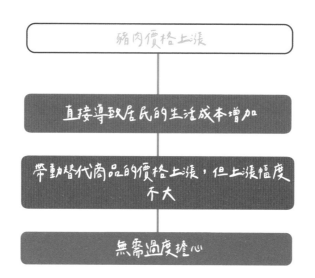

豬肉價格上漲

直接導致居民的生活成本增加

帶動替代商品的價格上漲，但上漲幅度不大

無需過度擔心

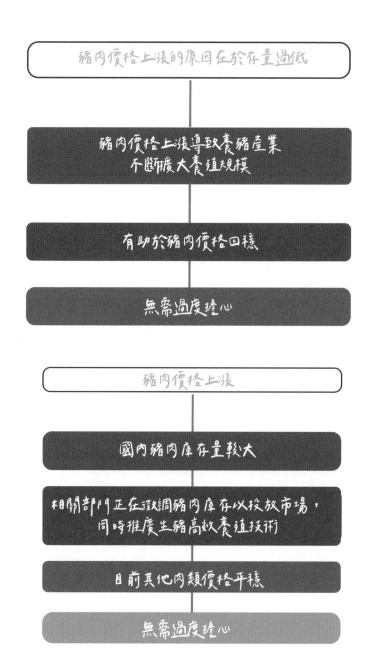

同樣的道理，要是我們在學習過程中發現問題，好比一些錯誤的知識，也絕對不是壞事。因為我們可以從這個缺口切入，對知識或知識點進行分析論證，從而改正錯誤的知識，提高學習品質，最終反求諸己，思考自己的學習思維有何問題。

對啊，你可以從錯誤出發，思考如何從根本上解決這個問題，下次不再犯錯。

那麼，我們在學習時要怎麼做，才能發現思考問題呢？一般來說，可以使用對比法，例如比較同領域的知識或相同的知識點，最終發現自己的思考問題。從提升自己的思考能力出發，最終強化自己的思維邏輯。

● 爭議思考：有爭議，學習才能提升

我們在學習時必然會遇到問題，甚至種種困難。這時，我們可以運用爭議思考來破冰。爭議思維可以讓我們突破思維定式，增強想像力。運用爭議思考學習時，我們需要與別人重點探討存在爭議的問題與內容。

我們在輸出知識，尤其是二次輸出時，會採取分組討論的方式。這一點不僅和費曼以教代學的教育宗旨非常吻合，還能極大化學習速度，提升學習效率。

但很多人在輸出知識時，並不喜歡分組討論的方式，也不喜歡別人提問或質疑其觀點，還可能因此發生衝突。人們往往習慣迴避爭議。

什麼是迴避爭議？所謂迴避爭議，指的就是無法以正確的態度面對爭議。

事實上，當我們在學習時，尤其是分組討論，越有爭議，反而越不能迴避。爭議意味著彼此對知識的理解有所歧異。歧異意味著問題，解決問題則會獲得智慧。

因此，面對爭議，才能解決爭議。

該怎麼解決爭議？首先，接納他人的異議，並進行分析論證，如此一來就能發現自己的問題。其次，與身邊的人出現歧見時，必須和對方暢所欲言，彼此都要坦率說出自己的觀點。

我們在與別人探討問題時，務必將心力放在有爭議的問題上。因為這些問題可以讓我們進行深入且持續的思考。

有爭議的問題與內容

知識的難點、痛點

可以銜接其他知識、引人思考的知識點等內容

分組討論時，難免會與人出現歧見，這時千萬不要迴避爭議，反而要與對方共同探討。有了這樣的爭議思維，就能保持懷疑與探索的精神，容易察覺自己在學習中的問題並及時解決。

● 針對性思考：學習不是作戰，但也要講求策略

學習並不是每次都要把所有的知識再學過一輪，而是需要建立針對性思考，聚焦在自己較生疏、容易出錯的知識上。針對性思維可以改變我們的學習方式，提高學習效率。學習並不是行軍作戰，可是，也要講求策略。絕不能一味地追求學習的「量」，而是該著眼於學習的「質」。

你在學習時是否也曾有類似的經歷或感受？例如，很想學好一門知識，花了時間，也付出大量心力，卻還是學不好，於是只好放棄。

　　這些人之所以放棄，其實出於兩個原因。第一，專注力差，無法長時間投入學習。

　　第二，不善於時間管理，例如難以按預定的計畫學習，或是在應該學習的時間學習，老是被其他事情拖延。學習三心二意，自然很難獲得良好的學習成效。

想要獲得良好的學習效果，就要將思考升級，以針對性思考方式學習。那麼，我們該怎麼運用針對性思維來學習？

首先，確定學習目的，以及確立學習內容與對象。

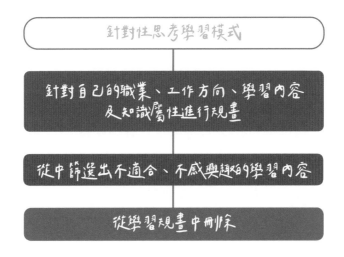

其次，嚴格的自我要求。例如，應該達到的學習水準，以及進步幅度。這樣才是有意識的學習。

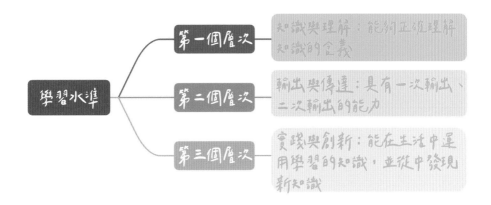

最後，對知識進行回顧、反思與簡化，納入自己的知識體系。

針對性學習思考方式就是一種有目的、有意識、高標準的學習，可以大幅提升學習的知識留存率，達到高效學習。

● 原理性思考：覆盤學習成果的好幫手

> 原理性思考是一種基於事實、源頭的思考方式，這種思考方式有助於我們了解知識背後的原理、結構。事實上，知識背後的原理、結構恰恰決定了我們的知識留存率。因此，想要提高學習效率，在學習時要借助原理性思維的力量。

任何知識都不是孤立的存在。每個知識、概念都有其獨特的邏輯結構。因此，我們在學習時，尤其是覆盤，即回顧與反思過程，必須留意藏在知識或觀點背後的事物，例如觀點之下的邏輯等等。

留意知識或觀點背後的事物，其實就是原理性思考方式的實踐。

　　原理性思考方式以知識的原理為立足點，對知識進行全面性的探索與學習。

好比我們在學習中文時，不僅要認識某個字詞，還要了解這個字的由來與發展歷程等等。

　　為什麼原理性思考方式是一種好的學習方式？這是因為知識的原理其實比知識本身來得更重要。

　　具體來說，知識的原理具有以下作用：

知識原理的作用
- 簡化知識體系，讓學習變得簡單直接
- 建立知識概念
- 方便應用與實踐

　　既然了解到知識的原理在學習中占有舉足輕重的作用，我們就要留意知識或觀點背後的事物。這形同打通了學習的底層邏輯後產生的

新學習思考工具。因此，我們在學習時不要過於注重記憶多少知識，
而應注重是否真正理解了知識背後的原理、邏輯結構。如此一來，才
能在最大限度記憶學習內容，大幅提高學習成效。

第 6 章

簡化知識：
對知識進行精準瘦身

簡化知識是費曼學習法的最後一道步驟。

所謂簡化知識，就是把複雜的知識簡單化。這既是知識系統化整理的過程，也是提升思考能力、完善思考模型的過程。

找出核心知識：學會畫重點，強化對知識的消化力

> 簡化知識就是對知識進行拆分，並尋找最重要的知識；然後去
> 梳理這些重要的知識，使其變得脈絡清晰，最終融入我們的知
> 識體系，便於隨時調整或運用。

現代社會競爭激烈，人們往往擔心不學習就會被時代淘汰，於是
經常逼迫自己學習。例如早上一睜開眼就點開手機上的學習軟體聽
課、觀看知識型影片學習，或是在大眾交通系統上讀書。

　　許多人每天忙於學習，大量吸收碎片化知識，儘管看起來很努力，卻沒意識到那些並未對知識進行簡化與吸收的學習方式，學習效能都非常低。簡化知識是費曼學習法中相當重要的一道步驟，也是提高學習效能的一種手段。

　　我們該如何簡化知識呢？無論你所學習的知識多麼繁複，都有一個最重要的核心。所以，簡化知識的第一步，就是找出最重要的核心知識或知識點。

　　但要如何找出最重要的核心知識或知識點？我們得分成兩個步驟進行。

　　第一，拆解知識，從中提煉、總結出自己最需要、最重視的知識。也就是我們常說的畫重點。

第二，將提煉出的重點與知識進行標記，並且加以整理。例如將知識分類成不重要、重要、很重要的三種等級順序，讓這些重點變得更富條理邏輯。

經過以上兩道步驟的簡化，知識會變得更簡單有序、一目瞭然。我們可以輕鬆看出其中的規律與原理，從而理解、消化這些知識。

以文字簡化知識：標記核心要點，有助於吸收知識

學習知識的目的，就是要形成知識體系。為了達到這個目的，就要設法記住最為核心、關鍵，也是自己最需要的知識。增強記憶的方式很多，而最好的方法就是整理知識，認真地標記核心要點。同時，以文字簡化知識是一大重點。

　　什麼是「以文字簡化知識」？簡單來說，就是將知識簡化成最淺顯易懂的語言。以文字簡化知識可以幫助我們快速取得關鍵訊息，讓複雜的概念變得容易理解。

　　這可分為兩種：

　　第一，將複雜的概念簡化成淺顯用語，便於記憶和理解。

　　那麼，怎麼做才能將複雜的概念進行簡化？

Step 1　確立目標知識的主要資訊，將複雜的概念拆分成容易理解的片段。

Step 2　選擇適當的語彙。盡量使用最簡潔的文字和詞語，避免使用
　　　　過於專業或複雜的術語，以免造成自己或聽眾的困惑。

Step 3　使用譬喻的手法，將複雜的概念與熟悉的事物做出類比。

Step 4　提出實際案例，幫助聽眾更快速理解複雜的概念，並且更容
易記憶且應用這些資訊。

Step 5　確保知識的完整性。簡化語言的同時，也需要確保知識的完
整性，才不至於遺漏任何關鍵訊息。

Step 6　透過重複簡化和強化知識，促進記憶和理解。

第二，將知識體系中的知識點進行分類與概括後，建立大綱，便於學習和記憶。

Step 1　**確立知識大綱的目的，根據目的確定知識大綱的結構。**

Step 2　**確定知識大綱的結構，根據結構確定大綱的主題，並將主題區分為若干結構。**

Step 3　**收集知識素材，根據各結構的需求收集、篩選、組織相關知識素材，並且歸納到對應的結構中。**

Step 4　對各結構進行歸納總結，梳理其中的知識點，歸納出知識大
　　　　綱的內容。

Step 5　對大綱進行簡化和細節化。

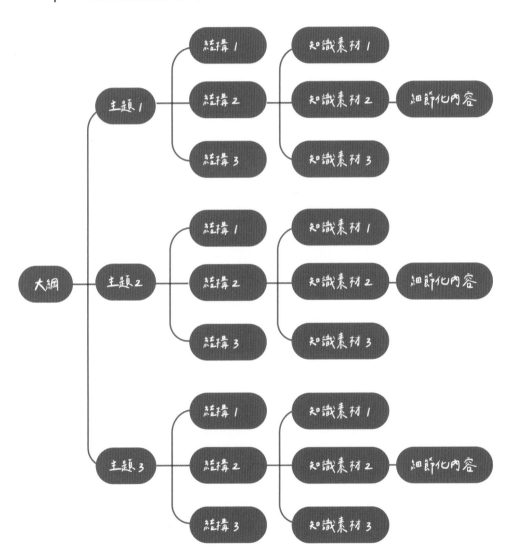

以圖表簡化知識：借助圖表看見知識的本質與原理

在簡化知識時，我們會遇到結構繁複的觀點與知識，這時，如果只以文字簡化並不容易。因此，我們需要借助圖表來進行簡化，即可深入了解所學到的知識，看見其背後的本質和原理。

透過圖像、表格、知識框架圖，我們可以把不同領域的知識以特定的關係連結在一起，形成結構化的知識圖或表格。

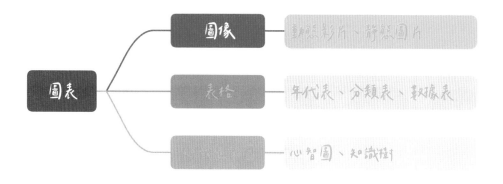

在費曼學習法中，以圖表簡化知識是一種提高學習效果的方法。

圖表之所以能讓我們進行深度學習，是因為它具有以下功能：

第一，標記出核心知識與要點。

第二，將學習場景或學習過程視覺化。

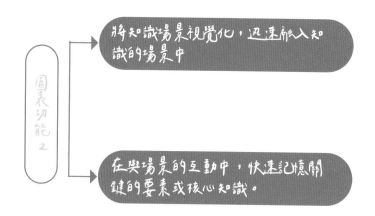

例如，我們跟著影片學習就是將學習場景視覺化。

　　圖表的功能相當豐富，我們在實踐時不妨靈活運用。如果要標記的重點相對簡單，可以製作成心智圖，像是要點圖示或要素一覽表等等。

　　如果簡化後的知識結構仍稍顯複雜，我們也可以進一步製作成知識樹。例如，我們在簡化 AI 人工智慧課程時，可以將內容製作成知識樹。

　　簡單來說，借助圖片進行深度簡化，既是簡化知識的過程，也是吸收知識的過程。在過程中，我們所學的知識會與原有的知識框架完全融合，並且得以充分獲得實踐運用。

給中小學生的費曼學習法【漫畫版】

Y16

作　　　者	廈九九、王丹、孫德俊
責 任 編 輯	鍾宜君
封 面 設 計	FE 工作室
內 文 設 計	簡單瑛設
特 約 編 輯	周奕君
校　　　對	呂佳真

出　　　版	晴好出版事業有限公司
總 編 輯	黃文慧
副 總 編 輯	鍾宜君
編　　　輯	胡雯琳
行 銷 企 畫	吳孟蓉
地　　　址	104027 台北市中山區中山北路三段 36 巷 10 號 4 樓
網　　　址	https://www.facebook.com/QinghaoBook
電 子 信 箱	Qinghaobook@gmail.com
電　　　話	（02）2516-6892　　　　　傳　　　真｜（02）2516-6891

發　　　行	遠足文化事業股份有限公司（讀書共和國出版集團）
地　　　址	231023 新北市新店區民權路 108-2 號 9 樓
電　　　話	（02）2218-1417　　　　　傳　　　真｜（02）2218-1142
電 子 信 箱	service@bookrep.com.tw
郵 政 帳 號	19504465（戶名：遠足文化事業股份有限公司）
客 服 電 話	0800-221-029　　　　　團 體 訂 購｜02-22181717 分機 1124
網　　　址	www.bookrep.com.tw
法 律 顧 問	華洋法律事務所／蘇文生律師
印　　　製	凱林印刷
初 版 一 刷	2024 年 6 月
定　　　價	420 元
I S B N	978-626-7396-64-3
E I S B N	978-626-7396-75-9 (EPUB)
E I S B N	978-626-7396-72-4 (PDF)

國家圖書館出版品預行編目 (CIP) 資料

給中小學生的費曼學習法 / 廈九九 , 王丹 , 孫德俊著 .
-- 初版 . -- 臺北市 : 晴好出版事業有限公司出版 ; 新北
市 : 遠足文化事業股份有限公司發行 , 2024.06
224 面 ; 17×23 公分
ISBN 978-626-7396-64-3 (平裝)
1.CST: 學習方法
521.1　　　　　　　　　　　　　113004936